Hilde Heyduck-Huth

Paradieskranich

Hilde Heyduck-Huth

Paradies-kranich

22 Tiergeschichten

Ein Atlantis Kinderbuch im
Verlag Pro Juventute

Die drei Gänse und die Mistkäfer

Es waren einmal drei weiße Gänse mit grauen Flügeln. Damit konnten sie sich in die Luft erheben. Aber das Fliegen fanden sie zu mühsam und deshalb gingen sie lieber zu Fuß.

«Ich mache einen langen Marsch», sagte die erste Gans.

«Ich komme mit», sagte die zweite und ging hinter der ersten her. Dabei schnatterte sie laut vor sich hin. Das hörte die dritte Gans und kam herbeigewatschelt.

«Wo wollt ihr hin?» fragte sie.

«In die weite Welt», sagten die beiden wie aus einem Schnabel.

«Da will ich auch hin!» Und die dritte Gans ging hinter der zweiten her.

Zuerst liefen die drei Gänse über eine große Wiese.

Dann kamen sie in einen dunklen Wald.

Plötzlich blieb da die erste Gans stehen.

«Warum bleibst du stehen?» fragte die zweite Gans.

«Warum bleibt ihr stehen?» fragte die dritte Gans.

Aber die erste Gans gab keine Antwort. Sie bog ihren langen Hals hinunter und sah zum Waldboden, denn dort bewegte sich etwas. Auch die anderen Gänse bogen ihre Hälse hinab und sahen ein dunkles Gewimmel.

«Was ist das?» fragte die dritte Gans, «sind das schwarze Eier?»

«Unsinn», sagte die erste Gans, «Eier können doch nicht herumkrabbeln. Das sind Tiere wie du und ich!»

Die zweite Gans schubste mit ihrem Schnabel eins dieser Tiere hin und her. Da verschwanden sie plötzlich alle in einem kleinen Erdloch.

Die Gänse hatten nun genug von der Welt gesehen.

Sie kehrten um und gingen nach Haus.

Niemand hat ihnen den Namen der unbekannten Tiere gesagt, und so wissen sie bis heute nicht, daß es Mistkäfer waren.

Der Schillerfalter und der kleine Waschbär

Es war einmal ein kleiner Waschbär, der war sehr traurig. Das sah ein Falter und flog um ihn herum.
«Warum weinst du?» fragte er.
«Weil ich traurig bin.»
«Und warum bist du traurig?»
«Weil ich weine», sagte der kleine Waschbär trotzig.
«Dann hör doch einfach auf zu weinen», schlug der Falter vor.
«Ich will aber weinen!» Jetzt heulte der kleine Waschbär laut und wütend. Der Falter war ratlos. Er setzte sich vor ihm ins Gras und klappte seine Flügel zu. Als der kleine Waschbär sich beruhigt hatte, fragte der Falter: «Wo ist denn deine Mama?»
Da fing der kleine Waschbär wieder an zu weinen: «Das ist es ja», schniefte er, «sie ist weg!»
Sehr langsam breitete der Falter nun seine Flügel auseinander. Der kleine Waschbär sah zu. Er betrachtete den Falter.
«Du hast ein schönes Fell», sagte er voller Bewunderung.
«Ich habe gar kein Fell», entgegnete der Falter, «meine Flügel sind wie eine zarte Haut.» Er bewegte sie wieder ein wenig und ein Sonnenstrahl ließ die Farben leuchten.
Der kleine Waschbär weinte nicht mehr. Gebannt schaute er auf den Falter, denn plötzlich geschah etwas Seltsames.
Die Farben auf den Flügeln des Falters begannen zu schillern: rot wurde blau, blau wurde lila, lila wurde braun, braun wurde rot. Und immer wieder wechselten die Farben.
«Bist du ein Zauberfalter?» fragte der kleine Waschbär.
«Nein», antwortete der Falter, «ich bin ein Schillerfalter.»
«Können alle Schillerfalter immer wieder andere Farben auf ihre Flügel zaubern?»
«Ja», sagte der Schillerfalter, «alle!» und flog davon.
Der kleine Bär spitzte die Ohren. Er hatte eben ein Brummen gehört, das er gut kannte: Seine Mama war wieder da!

Zwei Kühe schließen Freundschaft

Es war einmal eine Kuh, die lebte in den Bergen, deshalb hieß sie Bergkuh. Sie hatte ein graubraunes Fell und trug ein Lederband mit einer Glocke um den Hals. Nachts schlief sie mit anderen Bergkühen zusammen in einem Stall. Wenn morgens die Sonne aufging, zogen die Kühe auf die Weide. Die Glocken an ihren Halsriemen bimmelten dann alle durcheinander, manche in hohen, manche in tiefen Tönen, andere dazwischen.

Die Bergkuh kletterte den ganzen Tag die steilen Wiesenhänge hinauf und hinunter, fraß das saftige Gras und die würzigen Kräuter. Abends wurde sie gemolken und gab köstliche Milch.

Die Bergkuh war eine sehr flinke und neugierige Kuh. Eines Tages wollte sie wissen, wie es im Tal aussieht. Sie stieg tiefer und tiefer hinab, und als sie schon fast unten war, traf sie eine andere Kuh. Sie hatte ein rotbraunes Fell.

«Guten Tag», sagte die Bergkuh, «auch unterwegs?»

Die andere Kuh stöhnte, brüllte: «Muh» und ließ sich nieder. Sie war eine mächtige Kuh mit einem dicken Bauch.

«Bist du krank?» fragte die Bergkuh.

Die rotbraune Kuh wackelte mit dem Kopf hin und her und stierte mit ihren Glotzaugen vor sich hin.

«Ich bin so schlapp», sagte sie nach einer Weile, «ich wollte am Berghang hinaufsteigen – muh – muh – bis hierher bin ich gekommen, nun kann ich nicht mehr.»

«Du bist halt keine Bergkuh», sagte die Bergkuh, «bleib lieber unten im Flachland.»

Da ließ die Flachlandkuh ihren Kopf hängen, und ihre Glotzaugen füllten sich mit Tränen.

«Sei nicht traurig», sagte die Bergkuh und rieb ihre Nüstern ein wenig an den Nüstern der Flachlandkuh, «ich komme wieder und besuche dich.»

«Wirklich?»

«Ja, bestimmt.»

Die Bergkuh stieg den Abhang wieder hinauf. Dabei bimmelte die Glocke an ihrem Hals.

Die hellen Klänge wurden leiser und immer leiser, bis sie nicht mehr zu hören waren.

Der große Käfer und das Kind

Ein großer Käfer krabbelte langsam über verwelktes Laub, das in der Abendsonne golden leuchtete.
Da kam ein Kind gelaufen und als es den Käfer sah, blieb es stehen.
«Du bist aber ein großer Käfer», sagte das Kind, ging in die Hocke und kitzelte den Käfer ein wenig mit einem Grashalm.
«Faß mich nicht an», sagte der Käfer.
«Warum nicht?» fragte das Kind, denn es verstand die Sprache der Tiere.
«Ich bin gefährlich», antwortete der Käfer, «siehst du denn nicht mein großes Geweih?»
Das Kind sprang hoch. «Du bist ein Angeber», lachte es und hüpfte um den Käfer herum, «ein toller Hirsch bist du, umwerfend, wirklich!»
Der Käfer war beleidigt. «Du mußt gar nicht so lachen», brummte er, «wenn du meinen Namen wüßtest, würdest du mich nicht verspotten.»
«So?»
Das Kind wurde nachdenklich und schämte sich ein bißchen. Es tat ihm jetzt leid, daß es so frech gewesen war.
«Willst du mir vielleicht deinen Namen sagen?» fragte es vorsichtig.
«Also gut», sagte der Käfer, «ich heiße Hirschkäfer.»
«Tatsächlich?» rief das Kind überrascht. Dann schwiegen beide.
Das Kind betrachtete den Hirschkäfer genau. Nach einer Weile fragte es leise: «Darf ich dich ein wenig streicheln?»
Der Hirschkäfer brummte zufrieden: «Na ja, meinetwegen – aber nur am Rücken!»
Da strich ihm das Kind mit den Fingerspitzen ganz zart über sein braunglänzendes Flügelkleid.

Der Steinbock und das Murmeltier

Es waren einmal vier Steinböcke, die sprangen im Gebirge umher: hinunter und hinauf und kreuz und quer. Ein Steinbock aber sprang weiter und schneller als die anderen Steinböcke. Er sprang in weiten Sprüngen über Felsblöcke und Geröll, er sprang schnell und immer schneller. Die anderen Steinböcke blieben hinter ihm zurück. Bald waren sie nicht mehr zu sehen.

«Juhu», jubelte der Steinbock, «ich bin der Schnellste!»

Und wie er so weitersprang, sah er einen Berg, der war höher als die anderen Berge.

«Ich will nicht nur der Schnellste, ich will auch der Größte sein», sprach er zu sich selbst und erklomm den Gipfel.

Da stand er nun hoch oben wie ein Denkmal. «Jetzt bin ich der Größte», sagte er laut. Das hörte ein Murmeltier und begann zu pfeifen.

«Pfeift da jemand?» fragte der Steinbock.

«Aber nein», sagte ein feines Stimmchen, «hier ist niemand, du hast dich geirrt.»

Der Steinbock sah sich um: tatsächlich, kein Lebewesen weit und breit. Das Murmeltier war nämlich wieder in seine Höhle geschlüpft.

Der Steinbock knurrte. Er dachte scharf nach: Wenn ein Niemand eine Stimme hat und pfeifen und sprechen kann, ist er kein Niemand, sondern ein Jemand.

«Hallo», rief er, «wer will mich da an der Nase herumführen?»

«Ich!» Das Murmeltier sah hinter einem Stein hervor und kicherte. Der Steinbock stand immer noch bewegungslos auf der Bergspitze. Nur den Kopf wandte er ein wenig in die Richtung, aus der die Stimme kam. Dann sah er das Murmeltier.

«Warum lachst du?» fragte der Steinbock.

«Weil du so steif da oben herumstehst!» piepste das Murmeltier.

«Ich bin schließlich der Schnellste und der Größte», sagte der Steinbock grimmig.

«Gratuliere!» Das Murmeltier verschwand hinter dem Stein. Dann schaute es wieder hervor und sagte: «Wird dir das nicht langweilig da oben so ganz allein?»

Da wurde der Steinbock traurig. Er stieg vom Berg hinunter und suchte die anderen Steinböcke.

Die Rabenkrähe und die Schweine

Es war einmal eine Rabenkrähe, die saß auf einer Wiese neben einem Schweinepferch. Drei Schweine liefen darin herum: eine Sau und zwei Ferkel.
Die Rabenkrähe krächzte. Das hörte die Sau. Die grunzte und steckte ihren Rüssel zwischen den Stöcken und Latten des Gatters hindurch.
«Hast du so komisch gegrunzt?» fragte die Sau.
«Ich grunze überhaupt nicht», antwortete die Krähe, «ich singe!»
«Aha», sagte die Sau, zog ihren Kopf zurück und legte sich auf die schlammige Wiese. Die beiden Ferkel kamen herbei und suckelten an den Zitzen ihrer Mutter, bis sie satt waren. Dann liefen sie weg und spielten auf der anderen Seite des Pferchs.
Die Sau schob wieder den Rüssel durch den Zaun. Die Rabenkrähe saß noch immer auf der Wiese.
«Was tust du da?» fragte die Sau.
«Ich denke nach», sagte die Rabenkrähe.
«Und worüber?»
«Über das Leben.»
«Aber warum blickst du dabei so trübsinnig vor dich hin?» fragte die Sau. Und weil die Rabenkrähe keine Antwort gab, sprach die Sau weiter: «Die Sonne scheint und wir sind hier draußen. Das Leben ist schön, so freu dich doch!»
«Ich muß dir etwas Schlimmes sagen», sagte die Rabenkrähe, «alle Tiere müssen sterben.»
«Weiß ich doch», sagte die Sau, «und die Menschen müssen auch sterben.»
«Aber sie werden dich und die Ferkel töten und essen.»
«Ja». – Die Sau schwieg. Dann sagte sie: «Die Menschen glauben, sie kommen nach dem Tod in den Himmel.»
«Na und, was hilft uns das?» krächzte die Rabenkrähe, «wir sind schließlich nur Tiere.» Sie sah einen Wurm aus der Erde kriechen, packte ihn mit ihrem Schnabel und fraß ihn auf.
Die Sau sprach: «Wenn die Menschen in den Himmel kommen, gibt es auch einen Himmel für Tiere.»
«Meinst du wirklich?» fragte die Rabenkrähe, breitete ihre Flügel aus und erhob sich in die Luft.

Die Mauerläufer und die Trappe

Es waren einmal zwei Mauerläufer, die hatten sich mit ihren Füßen am Felsgestein eines Berges festgekrallt.

«Ich breite meine Flügel aus», sagte der eine Vogel.

«Warum?» fragte der andere.

«Der Berg ist sehr steil, und wenn wir abrutschen, dann ...»

«Ich weiß schon», unterbrach ihn der andere Vogel und breitete auch seine Flügel aus. Sie waren genauso rot und hatten ebenso schöne, dunkle und helle Federn an den Flügelrändern.

Beide Vögel kletterten langsam bergauf. Plötzlich blieb der eine Vogel stehen und fragte: «Warum heißen wir eigentlich Mauerläufer?»

«Weil wir an Mauern hinauflaufen können.»

«Dies ist aber keine Mauer, sondern eine Felswand!»

«Mauerläufer sind eben auch Felswandläufer!»

«Dann nenne ich mich Felswandläufer!»

Der Mauerläufer schaute hinab. Da sah er einen braunen Vogel, der stand im Gras auf einem Bein.

Der Felswandläufer schaute auch hinab. Er piepste, dann schrie er so laut er konnte: «Hallo, du da unten, wer bist du denn?»

«Ich bin eine Trappe.»

«Klingt ja interessant», rief der Mauerläufer, «aber warum stehst du auf einem Bein?»

«Weil das andere müde ist.»

«Und wenn dein Standbein auch müde wird?»

«Dann ist das andere wieder frisch, und dieses ruht sich aus.»

«Wie praktisch», sagte der Mauerläufer zum Felswandläufer. Dann wandte er sich wieder der Trappe zu:

«Wie lange willst du denn da stehen bleiben?»

«Bis eine andere Trappe zu mir kommt. Ich bin so allein.»

«Dann viel Glück!» riefen die Mauerläufer und liefen weiter den Berg hinauf. Sie kletterten höher und immer höher, bis sie die Trappe nicht mehr sahen.

Vielleicht steht sie da noch immer und wechselt von Zeit zu Zeit vom rechten Bein auf das linke und vom linken Bein auf das rechte.

Die acht Schafe

Es waren einmal acht Schafe. Sie lebten auf einer großen Wiese. Die Schafe fraßen das saftig-grüne Gras. Es war genug da für alle. In der Nacht schliefen die Schafe in einem Stall.

Am anderen Morgen gingen sie wieder auf die Wiese. Neue, zarte Grashalme und Kräuter waren über Nacht nachgewachsen. Die Schafe fraßen wieder, bis sie satt waren. Dann legten sie sich nah beieinander ins Gras. Die Sonne schien auf ihr helles, wolliges Fell. Ein Schaf aber sah anders aus als die anderen Schafe: Sein Fell war dunkel.

Eines Tages, als sie so dalagen, fragte ein helles Schaf: «Warum bist du schwarz?»

«Ich bin nicht schwarz», antwortete das dunkle Schaf, «schau doch genau hin!»

«Mäh – mäh», machte das helle Schaf, «okay, dann bist du eben dunkelbraun.»

«Mäh – mäh – mäh», machten alle hellen Schafe und sahen das dunkle Schaf an.

«Geh weg», sagte ein anderes helles Schaf, «du bist anders als wir!»

«Wir wollen dich nicht haben!» mähten die hellen Schafe im Chor. Das dunkle Schaf ging traurig fort bis ans Ende der großen Wiese.

Jetzt lagen nur noch sieben helle Schafe beieinander. Das kleinste aber war das allerhellste. Plötzlich sprang es auf. «Wir spinnen alle», meckerte es in hohen Tönen. «Warum schicken wir das dunkle Schaf weg – was hat es uns getan?»

«Eigentlich nichts», sagte ein Schaf mit einem graubraunen Kopf.

«Es ist ein Schaf wie wir», sagte ein Schaf mit einem kurzen, dünnen Schwanz.

«Wir sind auch nicht alle gleich», sagte ein Schaf mit hellen, langen Ohren.

«Na also», sagte das kleine Schaf, «es wäre ja auch ziemlich langweilig, wenn wir alle gleich wären» und lief davon.

«Wo läufst du hin?» riefen ihm die anderen Schafe nach.

«Ich gehe zu dem dunkelbraunen Schaf.»

Da sprangen alle anderen Schafe auf und folgten ihm. Sie nahmen das dunkle Schaf in ihre Mitte. Seitdem leben die acht Schafe wieder friedlich zusammen.

Zwei gelbe Segelfische begegnen Ferdinand

Es waren einmal zwei Fische, die leuchteten wie helle Segel in der Abendsonne. Deshalb hießen sie gelbe Segelfische.

Eines Tages schwammen sie durch ein hellgrünes Gewässer. Der große, gelbe Segelfisch schwamm aber schneller als der kleine, gelbe Segelfisch. Der blieb immer weiter zurück. Schließlich rief er: «Warte doch, du schwimmst mir ja weg!»

Der große, gelbe Segelfisch drehte sich um: «Beweg deine Flossen etwas schneller!»

Er ließ den kleinen gelben Segelfisch herankommen. Der jammerte: «Ich kann nicht mehr schwimmen, Mama, bitte trag mich!»

«Sei nicht albern», sagte die Mama zu ihrem Kind, «du siehst doch, daß ich keine Arme habe.»

Da biß sich der kleine, gelbe Segelfisch an der oberen Flosse des großen, gelben Segelfisches fest und ließ sich ziehen. Das gefiel ihm und er jammerte nicht mehr. Nach einer Weile begann er sogar zu singen: «Fische schwimmen im Meer herum, die Menschen denken, wir seien stumm, warum, warum…»

«Aha», unterbrach der große, gelbe Segelfisch das Lied des kleinen, gelben Segelfisches, «du kannst also jetzt wieder allein schwimmen.»

«Das muß ich», sagte er, «sonst kann ich ja nicht singen!»

Beide gelben Segelfische schwammen jetzt nebeneinander her.

«Mama», sagte der kleine, gelbe Segelfisch plötzlich, «was ist das für ein roter Punkt?»

«Wo?»

«Da, vor uns!» Der kleine, gelbe Segelfisch versteckte sich vorsichtshalber hinter dem großen.

«Brauchst keine Angst zu haben», beruhigte ihn der große, gelbe Segelfisch und lachte: «Das ist das rote Maul von Ferdinand!»

«Du kennst ihn?» fragte der kleine, gelbe Segelfisch.

«Ja», sagte der große, «aber eigentlich heißt er Leoparden-Drückerfisch. Ferdinand ist nur sein Spitzname.»

«Hallo, Mimi», rief Ferdinand, als er herankam. Dann schwamm er über die beiden gelben Segelfische hinweg.

«Warum sagt er Mimi zu dir, Mama?»

Der große, gelbe Segelfisch antwortete dem kleinen, gelben Segelfisch: «Mimi ist mein Spitzname.»

Die Raupe und das große, grüne Tier

Es war einmal eine Raupe, die kroch gemächlich zwischen grünen Gräsern und Halmen hindurch. Hier unten war es dämmrig und kühl. Die Wiese war für die Raupe wie ein Wald. Kein Laut war zu hören, nur in der Ferne sang ein Vogel. Plötzlich knisterte und krachte es und von oben herab kam etwas Riesiges, Grünes.

«Ein Ungeheuer», dachte die Raupe und rollte sich zusammen.

Es war still. Die Raupe streckte sich wieder, schnupperte und sah sich um. Da ragte vor ihr eine dünne, grüne Stange in die Höhe. «Was ist das?» knurrte sie.

«Ein Bein», zirpte es, «ich habe noch mehr Beine, im ganzen sechs!»

«Beine», sagte die Raupe verächtlich, «die braucht man doch gar nicht.»

«Ich schon, ich kann damit nämlich sehr gut springen.»

«Das hab ich gemerkt», brummte die Raupe, «du hast mir einen furchtbaren Schrecken eingejagt, mach das nicht noch einmal.»

«Hi-hi-hi», zirpte es da und es hörte sich an wie Lachen.

«Lachst du?» fragte die Raupe.

«Hi-hi-hi», zirpte es wieder, «hi-hi-hi-hi.»

«Warum lachst du?»

«Weil es lustig ist!»

«Ich möchte wissen, was daran so lustig ist, wenn ein wildes, trampeliges Stelzbeintier wie du eine ruhige, friedliche Raupe erschreckt.»

Die Raupe hatte ihren Satz noch nicht beendet, da war das große Tier verschwunden. Dann knisterte und krachte es hinter der Raupe, dann vor ihr, dann rechts von ihr, dann links von ihr. Die Raupe fiel von einem Schreck in den anderen.

«Aufhören!» rief sie.

«Hi-hi-hi», zirpte es neben ihr. Da saß das grüne Tier. «Siehst du jetzt, wie gut ich springen kann?» fragte es.

«Ja», knurrte die Raupe wütend, «und wieder hast du mich erschreckt.»

«Ich bin ja auch ein Heuschreck», sagte das grüne Tier.

«Ach so, jetzt ist mir alles klar», sagte die Raupe und kroch weiter im dämmrigen Graswald.

Die Weißlinge und die Libellen

Es waren einmal zwei Schmetterlinge, die hießen Weißlinge, weil das Gelb ihrer Flügel so hell war, daß es fast weiß aussah. – Der eine Weißling war kleiner als der andere. Sie tanzten über den Grasspitzen am Wiesenrand in der warmen Sommerluft.

Plötzlich flogen zwei andere Tiere über sie hinweg.

«Wer waren denn die?» fragte der kleine Weißling den großen.

«Libellen», antwortete der große Weißling.

«Warum fliegen sie so schnell?»

«Weil sie es eilig haben.»

Aber damit gab sich der kleine Weißling nicht zufrieden. «Warum haben sie es denn so eilig?» fragte er weiter und setzte sich auf die Spitze eines Grashalmes.

Der große Weißling setzte sich auf die Spitze eines anderen Grashalmes. Langsam klappte er die Flügel zu und wieder auf, zu und wieder auf. Er dachte nach, aber er konnte die Antwort nicht finden.

«Ich weiß es nicht, warum die Libellen es so eilig haben», sagte er schließlich, «vielleicht findest du es heraus.»

Da klappte der kleine Weißling die Flügel zu und wieder auf, zu und wieder auf und dachte nach. Und nach einer Weile rief er: «Ich hab's, die Libellen rasen so schnell durch die Luft, weil sie nicht tanzen können wie wir!»

Der kleine Weißling erhob sich und flog im Kreis um den großen Weißling herum.

«Ja, du hast recht», sagte der große Weißling, erhob sich und flog um den kleinen Weißling im Kreis herum. Wieder und wieder umkreisten sie einander: der große den kleinen Weißling, der kleine den großen Weißling. Dann erfanden sie ein neues Tanzspiel. Sie flogen immer hinauf und hinunter, hinauf und hinunter. Wenn der kleine Weißling oben war, war der große unten, und wenn der große Weißling oben war, war der kleine unten.

So tanzten sie den ganzen Tag und freuten sich, bis der Abend da war.

Der große, weiße Vogel und das Kind

Es waren einmal ein Vater, eine Mutter und ein Kind, die gingen zusammen in den Zoo. Zuerst sahen sie die Affen, dann die Kamele, die Krokodile, die Bären, die Elefanten, die Giraffen und die Schlangen. Sie bestaunten die Tiere. Der Vater hielt den Fotoapparat vor sein Gesicht, machte klick und sagte: «Kommt, weitergehen!»
Und sie kamen an einen Teich. Eine Ente schwamm vorbei. Blaugraue Möwen flogen kreuz und quer und landeten auf dem Wasser. Nah am Ufer stand ein großer, weißer Vogel. Sein Gefieder schimmerte zartrosa und die dunklen Schwanzfedern hingen weit hinunter, fast bis ins Wasser.
Der Vater, die Mutter und das Kind betrachteten den Vogel, der unbeweglich im flachen Wasser stand.
«Was für ein paradiesischer Vogel!» rief die Mutter aus. Der Vater nahm seinen Fotoapparat, schaute durch die Linse, machte klick und sagte: «Kommt, weitergehen.»
«Ich bleibe noch hier», sagte das Kind und setzte sich in den Sand am Ufer.
«Gut», sagte die Mutter.
«Wir holen dich später hier ab», sagte der Vater. Die Eltern gingen weiter und verschwanden zwischen anderen Zoobesuchern.
Der große, weiße Vogel stelzte auf seinen dünnen, rosafarbenen Beinen drei Schritte weiter ans Ufer und sprach zu dem Kind: «Willst du meinen Namen wissen?»
«O ja», sagte das Kind, denn es verstand die Sprache der Tiere, «sag mir, wie du heißt.»
«Paradieskranich.»
«Wirklich?» Das Kind staunte.
«Kommst du aus dem Paradies?»
Der Vogel nickte.
«Warum bist du nicht dort geblieben?» fragte das Kind.
«Weil keine Menschen mehr im Paradies lebten.» Der Vogel senkte traurig den Kopf, bevor er weitersprach: «Und ohne Menschen gefiel es mir nicht mehr.»
«Bist du zu uns gekommen, damit wir das Paradies nicht vergessen?»
Der Vogel nickte wieder. Da staunte das Kind noch mehr und bewunderte den schönen Vogel. Nach einer Weile stand es auf und streckte ihm die Arme entgegen: «Leb wohl, Paradieskranich!» sagte es und lief davon. Seine Eltern hatten es gerufen.

Der Taucher und der Viperfisch

Es war einmal ein Mann, der trug einen schwarzen Gummianzug. An den Füßen hatte er Schwimmflossen und auf dem Rükken eine Sauerstoff-Flasche, damit er unter Wasser atmen konnte: Der Mann war Taucher.
Er tauchte hinab zum Meeresgrund. Da begegnete er einem merkwürdigen Tier.
«Bist du eine Schlange oder ein Fisch?» fragte der Taucher. Das Tier bog seinen langen, blauen Körper erst in die eine, dann in die andere Richtung und antwortete: «Ich bin ein Viperfisch.»
Der Taucher schwamm etwas näher heran. Plötzlich erschrak er. Der Viperfisch hatte sein großes Maul geöffnet und zeigte seine vielen, spitzen Zähne. Schnell drehte sich der Taucher um und schwamm weg. Der Viperfisch aber schwamm ihm nach und holte ihn ein.
«Du brauchst keine Angst vor mir zu haben», sagte er, «ich fresse dich nicht, denn ich bin satt.»
«Da hab ich ja Glück.» Der Taucher seufzte erleichtert, sodaß viele Bläschen nach oben stiegen.
Es war düster rundum. Nur wenig Sonnenlicht drang bis hier herunter. Der Viperfisch aber leuchtete geheimnisvoll und manchmal blitzten die Schuppen auf wie Lichter. Sein Maul war geschlossen. So gefährlich sieht er eigentlich gar nicht aus, dachte der Taucher. Der Viperfisch aber konnte Gedanken lesen und sagte: «Jetzt hast du keine Angst mehr, oder?»
«Noch ein klein wenig», gab der Taucher zu.
Der Viperfisch bog seinen schlangenhaften Körper zu einem Halbrund und drehte ihn dreimal im Kreis. Dann richtete er sich auf und sah den Taucher an. «Ich muß dich etwas fragen», sagte er, «stimmt es, daß sich die Menschen ohne Hunger gegenseitig auffressen?»
«Nein, aber sie bringen sich manchmal um – einfach so.»
«Das verstehe ich nicht», sagte der Viperfisch.
«Ich auch nicht», sagte der Taucher.
Der Viperfisch schwieg. Nach einer Weile murmelte er: «Dann sind die Menschen ja gar nicht klüger als wir.»
Und im nächsten Augenblick war er verschwunden.

Der Seestern und der Name des Fischs

Es war einmal ein kleiner Seestern, der ruderte mit seinen fünf Armen durch das weite Meer. Eines Tages begegnete er einem dicken Fisch. Der war orangerot wie er und seine Schuppen glitzerten golden.

«Guten Tag, Goldfisch», sagte der Seestern.

«Danke für die Ehre», erwiderte der Fisch, «aber ich bin kein Goldfisch – leider.»

«Und was bist du für ein Fisch?»

Der Fisch gab keine Antwort. Der Seestern zappelte ungeduldig mit seinen Armen hin und her: «Nun sag schon, wie du heißt, du wirst doch wohl einen Namen haben, oder etwa nicht?»

«Doch, doch», druckste der Fisch herum, «das schon.»

Er ließ sich absacken bis zum Grund und buddelte sich ein zwischen dunkelroten Wasserpflanzen. Sein Kopf guckte noch heraus. Der Seestern war ihm nachgefolgt und legte sich vor sein Maul.

«Also, wie heißt du?»

«Ich mag meinen Namen nicht.» Der Fisch schaute düster vor sich hin.

«Sag ihn trotzdem», forderte der Seestern.

«Na gut, du sollst ihn wissen: Die Menschen nennen mich Soldatenfisch.» Und nach einer Weile fügte er hinzu: «Ich will aber kein Soldat sein.»

«Was ist denn ein Soldat?» fragte der Seestern.

«Ein Soldat muß kämpfen im Krieg.» Der Soldatenfisch schlug mit der Schwanzflosse um sich. Das Wasser wurde trüb.

«Und was ist Krieg?» fragte der Seestern.

«Streit», antwortete der Soldatenfisch, «wenn Krieg ist, bringen die Menschen sich um und machen alles kaputt.»

«Gibt es bei den Fischen auch Krieg?»

«Nein, wir einigen uns vorher.» Der Soldatenfisch kam zwischen dem Pflanzengestrüpp heraus und sein Rücken leuchtete rot wie eine Apfelsine.

Der Seestern erhob sich auch, ruderte mit den Armen und schwamm hin und her. «Dein Name paßt nicht zu dir», sagte er, «ich will dich Apfelsinenfisch nennen!»

Da freute sich der Soldatenfisch sehr über seinen neuen Namen. Wie ihn die Menschen nannten, kümmerte ihn nicht mehr.

Der alte Dachs und das Gimpelpaar

Es war einmal ein alter Dachs, der lebte in den unterirdischen Gängen einer verlassenen Fuchshöhle. Wenn er Hunger hatte, ging er auf Futtersuche. Bevor er sich hinauswagte, steckte er den Kopf aus dem Höhlenausgang und schaute sich vorsichtig um.

Am liebsten machte er seine Wanderungen am Abend oder morgens früh. Begegnete er anderen Tieren, stieß er ein kurzes, heiseres Bellen aus. Dann erschraken sie und liefen weg. Die Maus flüchtete in ihr Mauseloch, das Eichhörnchen kletterte rasch auf einen Baum, der Hase schlug einen Haken und hoppelte davon. Der Dachs brummte zufrieden und ging weiter.

So lebte er tagein tagaus. Doch eines Morgens wurde alles anders.

Wie gewohnt, steckte der Dachs seinen Kopf aus der Höhle. Da hörte er Lärm. Er kam von oben. Der Dachs stieß sein heiseres Bellen aus. Die Geräusche waren immer noch zu hören. Er bellte lauter: wieder ohne Erfolg.

«Ruhe da oben!» brüllte er jetzt. Es wurde still. Dann fragte eine helle Stimme: «Wer ist denn da?»

«Ein alter Dachs», sagte der Dachs, «ich wohne hier!»

Er lief aus der Höhle hinaus und sah sich um. In den Zweigen eines Baumes saß ein Vogelpaar.

«Habt ihr diesen Krach gemacht?» fragte er.

«Krach?» fragten die Vögel zurück, «wir haben ein Lied gesungen!»

«So so», machte der Dachs, «wer seid ihr denn und was wollt ihr hier?»

«Wir sind ein Gimpelpaar und haben uns im Baum ein Nest gebaut.»

Der Dachs bellte etwas Unverständliches und verschwand im Unterholz.

Am nächsten Morgen sangen die Vögel wieder. Der Dachs steckte den Kopf hinaus und hörte zu. «So übel klingt das eigentlich gar nicht», brummelte er vor sich hin. Am dritten Tag gefiel ihm der Vogelgesang noch besser. Und am vierten Tag saß er schon in der Morgendämmerung vor seiner Höhle und wartete auf das Konzert.

Das Gimpelpaar sang noch schöner als am Tag zuvor.

Als der Gesang zu Ende war, sagte der Dachs: «Bitte singt doch jeden Morgen, eure Lieder machen mich froh!»

Von da an waren der Dachs und das Gimpelpaar gute Nachbarn.

Die Biene und das Pfauenauge

Es war einmal eine Biene. Sie saß auf einer weißen Blume. Plötzlich sprach eine Stimme über ihr: «Guten Morgen, Biene, schönes Wetter heute!»

«Wer ist da, bitte?» fragte die Biene, ohne sich umzusehen.

«Ein Pfauenauge.»

«Das glaube ich nicht», brummte die Biene.

«Und warum nicht?» fragte es zurück.

«Weil Augen nicht sprechen können.»

«Aber du hörst doch, daß ich sprechen kann!»

Die Biene brummte etwas Unverständliches vor sich hin und schob ihren Rüssel in eine der vielen, kleinen Öffnungen in der Mitte der Blume. Schließlich fragte sie: «Bist du ein Pfau?»

«Nein», sagte das Pfauenauge, «ich bin weder ein Auge noch ein Pfau, aber ich bin so schön wie ein Pfau.»

Das Pfauenauge drehte sich ein wenig nach rechts und dann nach links, ehe es weitersprach: «Ich bin sogar noch schöner als ein Pfau, meine Flügel leuchten wie goldroter Samt und ich habe acht Augen in verschiedenen Farben. Sie sind rot, blau und gelb. Sieh mich doch an!»

«Ich habe keine Zeit», sagte die Biene.

«Warum nicht?»

«Ich muß fleißig sein.»

«Was tust du denn da?» fragte das Pfauenauge.

«Ich sauge Nektar.» Das Pfauenauge wurde neugierig. Es flog näher an die weiße Blume heran, setzte sich an ihren Rand und schaute zu. «Schluckst du den Nektar hinunter?» fragte es.

«Nein, ich verwandle ihn in Honig, fliege zum Bienenstock und spucke ihn aus.»

«Wohin denn?»

«In kleine Waben. Die machen wir Bienen selbst.»

«Erstaunlich – und dann?»

«Der Honig schmeckt gut, auch den Menschen. Sie holen ihn aus den Waben heraus.»

Das Pfauenauge war beeindruckt und schwieg. Dann sagte es: «Ich kenne eine Wiese, da wachsen noch mehr Blumen als hier.»

«Wirklich?» fragte die Biene.

«Ich zeige sie dir, komm mit», sagte das Pfauenauge. Sie flogen los. Da sah die Biene, daß das Pfauenauge wirklich sehr schön war.

Die beiden Spechte

Es war einmal ein Specht, der lebte in einem großen Wald. Darin standen Bäume mit dicken, grauen Stämmen. Sie ragten hoch hinauf. Der Specht krallte sich an einem Baumstamm fest und schlug mit seinem Schnabel gegen die Rinde. Tack-tack-tack machte es. Man hörte es im ganzen Wald.
Von morgens bis abends lief der Specht an Baumstämmen hinauf und machte tack-tack-tack-tack.
Wenn er oben angekommen war, flog er zu einem anderen Baum und wieder begann das gleichmäßige Klopfen.
So ging es tagein und tagaus, bis eines Tages etwas Überraschendes geschah.
Der Specht krallte wie gewohnt am Baumstamm und klopfte. Plötzlich war ihm, als höre er noch ein anderes Klopfen. Er hielt inne: Tatsächlich, es klopfte, auch wenn er den Schnabel nicht gegen den Stamm schlug. Da war es wieder: tacktack – tacktack – tacktack – tack.
«Hallo, wer ist da?» rief der Specht. Niemand antwortete. Er flog in die Richtung, aus der das Klopfen gekommen war: kein Laut weit und breit und niemand zu sehen.
Der Specht begann wieder sein Tack-tack-tack. Doch nach jedem Tack kam ein anderes hinterher oder dem nächsten Tack vorweg. Holprig und stolprig hörte sich das an. Kein Zweifel, da war jemand, und der Specht rief noch einmal: «Hallo, wer ist da?»
«Ich bin's», antwortete eine Stimme. Sie war ganz nah.
Der Specht wandte den Kopf und schaute hinunter. Er sah einen anderen Vogel. «Was machst du hier?» fragte er.
«Ich hol mir Futter aus der Rinde, genau wie du, Rotkäppchen!»
«Selber Rotkäppchen! Mein ganzer Kopf ist rot, ich bin schließlich ein Rotkopfspecht!»
«War nicht bös gemeint», sagte der Vogel, «ich bin übrigens auch ein Specht.»
«So?» fragte der Rotkopfspecht, «du hast doch ein ganz anderes Gefieder!»
«Ja, ein grünes, deshalb heiße ich Grünspecht.»
Der Rotkopfspecht und der Grünspecht liefen nun gemeinsam am Stamm hinauf und machten: tack-tack-tack-tacktack-tacktack-tack-tack-tack-tacktack-tack-tack-tack…

Das Schwanzmeisenpaar und das Eichhörnchen

Es war einmal ein Schwanzmeisenpaar, das hatte sich auf einer hohen Buche sein Nest gebaut. Es hing an einem Zweig.

Eines Tages lagen in dem Nest drei Eier. Das Schwanzmeisenweibchen hatte sie gelegt. «Wir müssen sie ausbrüten», sagte es, und aus dem Schwanzmeisenweibchen wurde eine Schwanzmeisenmutter.

Sie setzte sich vorsichtig über die Eier und gab ihnen Wärme. Tag für Tag saß sie da und wartete.

«Ich fliege fort und hole Futter», sagte der Schwanzmeisenvater. Er freute sich, wenn er einen Regenwurm fand. Den nahm er in den Schnabel und brachte ihn der Schwanzmeisenmutter, die ihn gierig verschlang.

An einem sonnigen Frühlingsmorgen rumorte es in den Eiern. Es knisterte und krachte.

Die Schwanzmeisenmutter erhob sich. Sie sah Risse in den Eiern und half mit dem Schnabel nach, sie weiter zu öffnen. Dann platzten sie auf und drei Vögel schlüpften heraus. Sie sahen nackt aus, denn sie hatten noch keine Federn.

Die drei Vögel schrien um die Wette und rissen dabei ihre Schnäbel weit auf. «Sie haben Hunger», sagte die Schwanzmeisenmutter.

«Das glaub ich auch», sagte der Schwanzmeisenvater und flog fort. Immer wieder kam er mit Körnern, Larven und kleinen Würmern zurück und stopfte sie in die hungrigen Schnäbel.

«Du mußt auch Futter suchen», sagte er zur Schwanzmeisenmutter, «ich schaff's nicht allein.»

«Wer paßt auf unsere Kinder auf?» fragte sie. In diesem Augenblick kam vom Nachbarbaum ein Eichhörnchen angesprungen und sagte: «Ich!»

«Du kommst uns wie gerufen», sagte die Schwanzmeisenmutter erleichtert.

«Können wir uns auf dich verlassen?» fragte der Schwanzmeisenvater.

«Ich jage alle Raubvögel und Katzen davon!» erwiderte das Eichhörnchen. Es setzte sich nah bei dem Nest auf einen Ast und kringelte seinen buschigen Schwanz ein. «Hier bleibe ich sitzen und passe auf, bis ihr wiederkommt», versprach das Eichhörnchen.

Da flog das Schwanzmeisenpaar zum Futtersuchen davon.

Das Kind, das Pony und die Murmeltiere

Es war einmal ein Pony, das lebte mit Pferden zusammen auf einem Reiterhof. Jeden Tag kam ein Kind, striegelte sein Fell und kämmte ihm Mähne und Schwanz. Das Pony wieherte vor Behagen.

«Es mag dich», sagte der Tierpfleger und er fragte: «Willst du auf ihm reiten?»

Das Kind nickte. Der Tierpfleger sattelte das Pony und half dem Kind hinauf. Es nahm die Zügel in beide Hände, und los ging's über Stock und Stein. Sie ritten über Wiesen und Felder, bergauf und bergab. Dann trotteten sie auf einem Weg zwischen Obstgärten zurück zum Stall.

Eines Tages, als das Kind wieder kam und das Pony striegeln und kämmen wollte, war es verschwunden.

«Wo ist es?» fragte das Kind, und der Tierpfleger sagte: «Weg, ausgerissen.»

«Ich will es suchen!» Und das Kind rannte los. Es lief über Stock und Stein, über Wiesen und Felder, bergauf und bergab und wieder einen Berg hinauf: Das Pony war nirgends zu sehen. «Pony, wo bist du?» rief das Kind, aber kein Wiehern antwortete ihm.

Das Kind war müde geworden vom langen Laufen. Es setzte sich zwischen ein paar Felsbrocken ins Gras und ruhte sich aus. Plötzlich hörte es ein hohes Pfeifen. Das Kind spitzte die Ohren. Da war es wieder: «Wer pfeift denn da? Ein Murmeltier!»

Es kam hinter einem Stein hervor, dann noch eins.

«Suchst du dein Pony?» fragte es.

«Ja», sagte das Kind, denn es verstand die Sprache der Tiere, «Wißt ihr, wo es ist?»

«Ja», pfiffen die Murmeltiere gleichzeitig.

«So sagt es mir doch», bat das Kind.

Eins der Murmeltiere kam ganz nah herangelaufen und piepste: «Du brauchst nur ein kleines Stück um diesen Berg herumzugehen, dann siehst du es.»

Das Kind tat, wie ihm geheißen: Da stand das Pony und wieherte, als es das Kind sah.

Der Korallenbarsch und der Blaue Chromis

Es waren einmal zwei Fische, die schwammen im Meer.
Der eine war grün, der andere blau.
Beide Fische schwammen aufeinander zu. Im letzten Augenblick vor dem Zusammenstoß wichen sie sich aus: Der grüne Fisch schwamm über den blauen hinweg.
«Vielleicht ist der andere stumm», murmelte der grüne Fisch.
«Vielleicht ist der andere stumm», murmelte der blaue Fisch. Die Fische schwammen weiter: der grüne nach links, der blaue nach rechts.
Plötzlich schwammen die Fische wieder aufeinander zu.
«Hallo», sagte der grüne Fisch. Er kam diesmal von links.
«Hallo», sagte der blaue Fisch. Er kam diesmal von rechts. Der blaue Fisch schwamm über den grünen hinweg.
«Also doch nicht stumm», murmelte der blaue Fisch.
«Also doch nicht stumm», murmelte der grüne Fisch.
Die Fische zogen weiter ihre Bahnen, bis sie sich zum dritten Mal begegneten. Jetzt blieben sie voreinander stehen.
«Wie heißen Sie?» fragte der blaue Fisch.
«Korallenbarsch. Und Sie?»
«Blauer Chromis.»
«Sehr angenehm», sagte der Korallenbarsch.
«Ebenso», sagte der Blaue Chromis.
Und die beiden Fische schwammen weiter, der eine nach rechts, der andere nach links.
Nach einer Weile begegneten sie sich zum vierten Mal.
Da sagte der Blaue Chromis: «Sie haben wohl einen Drehwurm, Herr Barsch.»
«Korallenbarsch, wenn ich bitten darf», sagte der andere, «und den Drehwurm haben Sie selbst, Herr Chromis!»
«Blauer Chromis, wenn ich bitten darf.»
Noch einmal schwammen die beiden Fische im Kreis.
Als sie sich zum fünften Mal begegneten, mußten sie lachen.
«Wie wär's, wenn wir zusammen mal woanders hinschwimmen?» fragte der Korallenbarsch.
«Gute Idee», sagte der Blaue Chromis und drehte um.
Von da an schwammen die beiden Fische nebeneinander her und verschwanden bald in der Weite des Meeres.

Die Igelfamilie und die Elster

Es war einmal eine Igelfamilie: Vater, Mutter und drei Kinder. Sie lebte in einem Gebüsch am Waldrand. Tagsüber liefen die fünf Igel unter den Büschen hin und her, denn sie waren scheu. Nur abends trauten sie sich ein paar Schritte auf den Waldweg.

Der kleinste Igel aber wollte bei Tag und ganz allein im Wald herumlaufen.

«Das ist gefährlich», sagte der Igelvater.

«Bleib lieber zu Haus», sagte die Igelmutter. Doch der kleine Igel lief einfach weg.

Er ging immer geradeaus. Es war still im Wald.

«Guten Tag», sagte der kleine Igel zu einer Schnecke am Weg. Sie gab aber keine Antwort und verkroch sich eilig in ihr Schneckenhaus.

Plötzlich raschelte es im Laub. Eine Schlange! Der kleine Igel erschrak. Was tun? Er rollte sich zusammen und sah aus wie ein stacheliger Ball. Nach einer Weile kam sein Kopf wieder heraus und schaute sich um: niemand weit und breit. Es war still wie zuvor.

Der kleine Igel ging weiter. Da lief eine Maus über den Weg. Sie schlüpfte unter ein welkes Blatt und sah den Igel mit ihren dunklen Knopfaugen an. «Wo willst du hin?» fragte sie.

«Ans Ende der Welt», sagte der kleine Igel. Die Maus seufzte: «Ach du liebe Zeit» und verschwand.

Die Sonne schien nicht mehr hell auf den Waldweg. Es wurde dämmrig. Ein Vogel schrie.

«Ich will nach Hause», jammerte der kleine Igel und weinte. Plötzlich hörte er eine Stimme von oben:

«Wer weint denn hier?»

«Ich, der kleine Igel.»

Ein großer Vogel mit ein paar weißen Federn im dunklen Gefieder ließ sich vor ihm herab. Der kleine Igel rollte sich zusammen.

«So so», sagte der Vogel, «weggelaufen von zu Hause, stimmt's?»

Statt einer Antwort schniefte der kleine Igel und fragte: «Wer bist du denn?»

«Ich bin eine Elster. Und Elstern sind die Polizei des Waldes. Du kannst dich ruhig wieder ausstrecken.»

«Komm ich jetzt ins Gefängnis?» fragte der kleine Igel.

«Nein», sagte die Elster, und sie zeigte dem kleinen Igel den Weg nach Haus. Die anderen Igel kamen ihm schon entgegen.

Der Maulwurf und der Fuchs

Es war einmal ein Fuchs, der hatte sich eine Höhle in der Nähe eines Hühnerhofs gebaut. Sein Nachbar war ein Maulwurf. Der schaufelte unermüdlich neue, unterirdische Gänge. Von da aus grub er Wege hinauf ins Freie.

Soeben war er wieder einmal oben angelangt. Sein Kopf guckte aus dem Erdhügel heraus. Da sah er den Fuchs davonschleichen.

«Wohin des Wegs?» fragte er. Der Fuchs blieb stehen. Vom Dorf her war Musik zu hören. Da sagte der Fuchs: «Ich gehe zum Tanzen, heut ist ein Fest im Dorf.»

Und dann trottete er in die Richtung des Hühnerhofs.

«Das glaubt dir doch nicht einmal eine Stubenfliege», brummte der Maulwurf, verschwand in der Erde und grub. Am nächsten Tag schaufelte er den Weg nach oben. Wie tags zuvor guckte sein Kopf aus dem neuen Erdhügel heraus. Und wieder schlich der Fuchs davon.

«Wohin des Wegs?» fragte der Maulwurf. Der Fuchs blieb stehen. Die Glocken fingen gerade an zu läuten. Da sagte der Fuchs: «Ich gehe in die Kirche.» Und dann trottete er in die Richtung des Hühnerhofs.

«Das glaubt dir doch nicht einmal eine Weinbergschnecke», brummte der Maulwurf und ging an seine Arbeit.

Als der Maulwurf am dritten Tag aus seinem neuen Erdhügel hervorsah, schlich wieder der Fuchs davon.

«Wohin des Wegs?» fragte der Maulwurf. Der Fuchs blieb stehen. In der Ferne fuhr ein Zug vorbei. Da sagte der Fuchs: «Ich will eine Reise machen.» Und dann trottete er in die Richtung des Hühnerhofs.

«Das glaubt dir doch nicht einmal eine Blattlaus», brummte der Maulwurf, verschwand in der Erde und schaufelte.

Plötzlich hörte er ein großes Geschrei. Schnell steckte er den Kopf wieder aus der Erde. Da sah er den Fuchs um sein Leben laufen. Leute mit Knüppeln, Besen und Hacken eilten hinter ihm her. Der Fuchs aber war schneller. Und schon hatte er dichtes Unterholz erreicht, wo er sich versteckte. Er wartete, bis die Nacht kam, dann erst schlich er in seine Höhle.

«Guten Tag, Herr Nachbar», sagte der Maulwurf am nächsten Morgen, «wie war denn die Reise?»

Herstellung: Manfred Neugebauer

ISBN 3 7152 0352 8
Gedruckt auf chlorfrei gebleichtem Papier